꿀벌들아 돌아와!

와이즈만 환경과학 그림책은 우리 환경, 푸른 지구를 지켜 나가는 길을 함께 찾아가는 시리즈입니다.

와이즈만 환경과학 그림책 9
꿀벌들아, 돌아와!

초판 1쇄 발행 | 2015년 3월 25일
초판 5쇄 발행 | 2022년 10월 30일

홍민정 글 | 이경석 그림 | 와이즈만 영재교육연구소 감수
발행처 | 와이즈만 BOOKs
발행인 | 염만숙
출판사업본부장 | 김현정
편집 | 오미현 원선희
디자인 | 박영미
마케팅 | 강윤현 백미영

출판등록 | 1998년 7월 23일 제1998-000170
제조국 | 대한민국
사용 연령 | 6세 이상
주소 | 서울특별시 서초구 남부순환로 2219 나노빌딩 5층
전화 | 마케팅 02-2033-8987 편집 02-2033-8928
팩스 | 02-3474-1411
전자우편 | books@askwhy.co.kr
홈페이지 | mindalive.co.kr

저작권자ⓒ 2015 홍민정 이경석
이 책의 저작권은 홍민정 이경석에게 있습니다.
저자와 출판사의 허락 없이 내용의 일부를 인용하거나 발췌하는 것을 금합니다.

잘못된 책은 구입처에서 바꿔 드립니다.

*와이즈만 BOOKs는 (주)창의와탐구의 출판 브랜드입니다.

꿀벌들아 돌아와!

홍민정 글 | 이경석 그림
와이즈만 영재교육연구소 감수

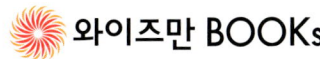

와이즈만 BOOKs

여기는 잃어버린 동물을 찾아 주는 프로그램 〈얘들아, 돌아와〉 촬영 현장.
녹화가 시작되려는 순간, 얼굴에 망을 쓴 어떤 아저씨가
스튜디오로 뛰어들었어요.
"제 꿀벌이 사라졌어요. 제발 좀 찾아 주세요!"
진행을 맡은 아나운서가 남자를 막아서며 소리쳤어요.
"여기는 그깟 꿀벌이나 찾아 주는 데가 아니에요. 당장 나가세요!"
여기저기에서 아이들이 웅성거렸어요.

같은 시각, 꿀벌 나라에서는 여왕벌이 그 광경을 지켜보고 있었어요.
"그깟 꿀벌이라고? 도저히 참을 수 없다. 꿀벌이 사라지면 어떻게 되는지 사람들에게 가르쳐 줘야겠어. 허니! 비니!"
"네, 여왕님!"
"당장 저 사람들을 모조리 잡아 오너라!"
"네!"
정찰벌*인 허니와 비니는 재빨리 방송국을 향해 날아갔어요.

*정찰벌 : 새로운 집터나 꽃꿀이 많은 꽃을 찾아다니는 일벌.

허니와 비니가 갑자기 나타나 스튜디오 안을 붕붕 날아다니자,
사람들이 도망치기 시작했어요.
딱 세 사람, 꿀벌을 찾는 양봉가와 도치를 찾으러 온 지우, 그리고 아나운서만 빼고요.
양봉가는 허니, 비니를 보자 반가워 소리쳤어요.
"검정이랑 노랑 무늬를 보니 내 꿀벌이 틀림없어!"
미처 도망치지 못한 지우는 온몸이 얼음처럼 굳어 버렸어요.
아나운서는 벌들을 쫓아내려고 팔을 마구 내저었어요.

여왕벌은 일행을 보자마자 자리에서 벌떡 일어나 호통쳤어요.

"이보시오. 양봉가 양반. 도대체 벌통을 어떻게 관리했길래 벌들이 집을 나간 거죠?"

양봉가는 황당한 표정을 지었어요. 자기야말로 그 까닭이 궁금했으니까요.

"그리고 당신은 아까 뭐라고 했죠? 그깟 꿀벌?"

"아, 아니. 저는 그냥……."

말에 관해서는 둘째가라면 서러운 아나운서조차 여왕벌 앞에선 꿀 먹은 벙어리가 되고 말았어요.

여왕벌은 어지러운 듯 머리를 짚으며 자리에 앉았어요.

당신들은 도대체 벌들을 어떻게 생각하죠? 그깟 벌이라니!

내가 벌을 내쫓은 것도 아닌데…….

벌집에 있는 일벌들은 각자 방에서 쉴 새 없이 움직였어요. 그때 지우의 눈에 요란하게 날갯짓하며 돌아다니는 일벌이 보였어요.

"쟤는 할 일 없는 일벌인가 봐?"

그러자 비니가 고개를 저으며 말했어요.

"이 세상에 할 일 없는 일벌은 없어. 저 벌은 벌집의 온도를 낮추기 위해서 바람을 일으키는 거야. 벌집은 밀로 만들어져서 온도가 너무 높으면 녹아 버리거든."

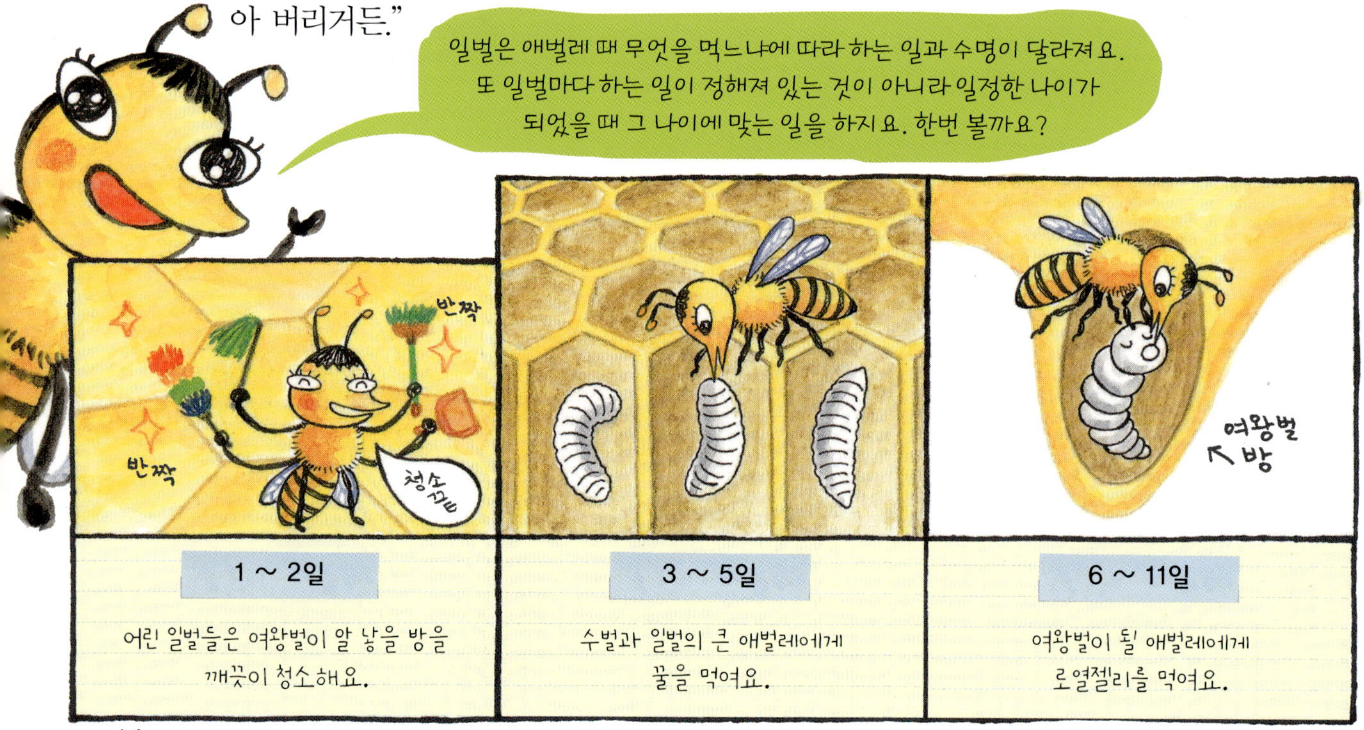

일벌은 애벌레 때 무엇을 먹느냐에 따라 하는 일과 수명이 달라져요. 또 일벌마다 하는 일이 정해져 있는 것이 아니라 일정한 나이가 되었을 때 그 나이에 맞는 일을 하지요. 한번 볼까요?

1 ~ 2일	3 ~ 5일	6 ~ 11일
어린 일벌들은 여왕벌이 알 낳을 방을 깨끗이 청소해요.	수벌과 일벌의 큰 애벌레에게 꿀을 먹여요.	여왕벌이 될 애벌레에게 로열젤리를 먹여요.

벌집 입구에 다다른 일행은 끔찍한 모습을 보았어요. 일벌 두 마리가 병든 벌을 밖으로 밀어내고 있는 거예요.

"아픈 벌을 벌집 밖으로 쫓아내다니, 너무해!"

아나운서의 반응이 불쾌한 듯 비니가 나섰어요.

"쟤들은 장례벌이에요. 병든 벌이 발견되면 즉시 벌집 밖으로 내보내죠. 벌집을 건강하게 유지하려면 어쩔 수 없어요."

*밀 : '밀랍'이라고도 하며, 벌집을 만들기 위해 꿀벌이 분비하는 물질. 누런 빛깔로 상온에서 단단하게 굳어지는 성질이 있음.

12 ~ 17일	18 ~ 21일	21일 ~ 40일
밀을 분비하는 벌은 밀로 방을 만들고, 밀을 분비하지 않는 벌은 방에 양식을 저장해요.	벌집과 방 입구를 지키고, 침입자가 나타나면 침을 쏘기도 해요.	하루에 10번 정도 밖으로 나가서 꽃꿀, 꽃가루, 나뭇진 등을 모아 와요. 일벌의 수명은 30~40일 정도예요.

밖으로 나온 일행은 숲을 벗어나 들판으로 갔어요. 들판을 가득 뒤덮은 꽃 무더기 위로 일벌들이 분주하게 날아다니고 있었어요. 그 모습을 바라보며 양봉가가 지우에게 물었어요.

"지우야, 꿀벌이 하는 일 중에 가장 중요한 게 뭔 줄 아니?"

"에이, 그야 당연히 꿀 만드는 일이잖아요."

"물론 그것도 중요하지. 덕분에 나 같은 양봉가들이 먹고사는 거고. 하지만 그보다 더 중요한 일이 있단다."

양봉가는 꽃송이 가까이로 지우를 데려갔어요.

지우가 자세히 보니 일벌 한 마리가 꽃송이에 몸을 파묻고 열심히 꽃꿀을 따고 있었어요. 잠시 뒤 몸에 꽃가루를 잔뜩 묻힌 일벌이 다른 꽃으로 옮겨 갔어요.

"벌이 꽃꿀을 딸 때 자연스럽게 몸에 꽃가루가 묻어. 그리고 다른 꽃에 가서 앉으면 몸에 붙어 있던 꽃가루가 꽃에 떨어져서 꽃가루받이가 이루어지고 열매를 맺게 돼. 꽃은 벌에게 꽃꿀을 주고, 벌은 그 대가로 꽃의 번식을 돕는 거란다."

양봉가는 이것을 꿀벌과 식물 사이에서 오래전부터 이루어져 온 품앗이*라고 말했어요.

***품앗이** : 힘든 일을 서로 거들어 주면서 품을 지고 갚는 일.

식물의 꽃가루받이를 돕는 꿀벌

수술의 꽃가루가 꿀벌의 몸에 묻어요.

꽃가루를 묻힌 꿀벌이 다른 꽃으로 날아가요.

꿀벌 몸에 묻은 수술의 꽃가루가 암술머리에 묻는 꽃가루받이가 일어나요.

양봉가의 말을 듣고 있던 아나운서는 언젠가 뉴스로 보도했던 내용을 떠올렸어요.

"유엔 식량 농업 기구에서 밝힌 바에 따르면, 전 세계 식량의 90%를 차지하는 주요 작물 100가지 가운데 70가지 이상이 꿀벌의 꽃가루받이에 의존하고 있대."

양봉가는 아나운서의 보충 설명에 흐뭇한 표정을 지었어요.

"지우, 딸기 아이스크림 좋아하지?"

"그럼요! 딸기 우유, 딸기 케이크, 딸기 잼. 딸기로 만든 건 다 좋아해요."

"딸기나 사과 같은 과일은 물론이고, 어른들이 좋아하는 커피, 아몬드 같은 농작물도 모두 꿀벌이 꽃가루받이를 해 줘서 열매를 맺는 식물이야."
세 사람의 이야기를 듣고 있던 비니가 어깨에 잔뜩 힘을 주며 말했어요.
"그러니까 꿀벌이 없으면 굶어 죽을 수도 있다고요! 알겠어요?"
지우가 눈을 동그랗게 뜨며 물었어요.
"꿀벌이 왜 없어져? 저렇게 많이 있는데?"
허니는 최근 꿀벌 나라에서 일어나고 있는 알 수 없는 일들에 대해 말할 때가 됐다고 생각했어요.

허니, 비니는 세 사람을 데리고 다시 한참을 날아갔어요. 그러자 끝이 보이지 않을 만큼 넓은 아몬드 농장이 눈앞에 나타났어요. 농장 주위에는 상자를 가득 실은 트럭들이 서 있었어요.
"아몬드 재배에 수많은 꿀벌들이 동원되고 있다는 말은 들었지만 이 정도일 줄은 몰랐어."
양봉가는 그 상자가 벌통이라는 것을 바로 알아챘어요.
허니는 벌통이 내려지는 모습을 바라보며 말했어요.
"아까 방송국에서 꿀벌을 찾는다고 했죠? 꿀벌을 잃어버린 사람은 아저씨뿐만이 아니에요. 지금 세계 곳곳에서 꿀벌이 사라지고 있다고요."

양봉가가 심각한 얼굴로 말했어요.

"사실 우리나라도 상황이 아주 안 좋단다. 벌통 개수가 자꾸만 줄고 있거든. 하지만 정확한 원인을 몰라서 해결책을 못 찾고 있지."

아나운서는 언젠가 책에서 읽은 문구를 떠올리며 말했어요.

"아인슈타인은 꿀벌이 사라지면 4년 안에 인류도 멸망할 거라고 했어요. 그 말뜻을 이제 알겠네요."

꿀벌이 사라지면 큰일납니다. 그러니 꿀벌한테 잘하세요. 꿀만 빼앗지 말고……. 음, 맛있군.

내가 이 꿀을 만드느라 얼마나 힘들었는데…….

양봉가의 말이 끝나자, 허니와 비니가 세 사람을 데리고 날기 시작했어요. 농장에 도착하니 키위 꽃이 하얗게 피어 있었어요. 하지만 어디서도 붕붕거리는 꿀벌들의 소리는 들리지 않았어요.

"저기 좀 봐요!"

지우가 가리킨 곳에 죽은 꿀벌들이 바닥에 널려 있었어요.

양봉가는 열심히 키위나무 사이를 다니며 무언가를 찾아내려 애썼어요.

"정말 끔찍하군. 꿀벌들이 집으로 돌아가지 못한 이유가 이거였어."

양봉가의 눈에 띈 건 농약이 들어 있던 빈 통이었어요.

"살충제와 제초제를 잔뜩 뿌렸군. 이러면 살충제 성분이 땅속에 스며들어 식물의 뿌리나 줄기, 잎, 꽃, 심지어 꽃꿀과 꽃가루에까지 남게 돼."

27

양봉가는 허니와 비니에게 다시 아몬드 농장으로 가자고 말했어요.
조금 전까지 벌통이 내려지던 아몬드 농장에는 꿀벌들이 꽃과 꽃 사이를 오가며 바쁘게 일하고 있었어요.
"다행히 이곳 꿀벌들은 건강한 것 같네요."
아나운서가 미소를 지으며 말했어요.
"정말 그런지 한번 보죠."
일행은 꿀벌들의 상태를 살펴보기 위해 가까이 다가갔어요. 꽃송이에 파묻혀 열심히 꽃꿀을 따는 꿀벌들 사이로, 몸에 꽃가루를 묻힌 채 파르르 떨고 있는 꿀벌이 보였어요.

꿀벌은 말하는 것조차 힘들어 보였어요.

허니와 비니는 꿀벌이 쉴 수 있도록 해 주고, 세 사람과 함께 그 자리를 떠났어요. 숲으로 가는 오솔길에는 들꽃이 조금 피어 있었어요. 하지만 넓은 아몬드 농장에 비하면 눈에 보이지도 않을 만큼 공간이 좁았어요.

"벌들이 배불리 먹을 수 있는 식당은 모두 없애고, 일해야 하는 공장만 잔뜩 늘려 놓은 셈이군."

양봉가의 입에서 한숨이 새어 나왔어요.

"향기로운 들꽃을 찾아다니며 입맛대로 꽃꿀을 골라 먹는 것이 우리한테는 가장 큰 행복이에요. 하지만 지금은 들꽃을 보기가 힘들어요. 다양하고 영양 좋은 꽃꿀을 골라 먹을 수 있었던 예전에는 꿀벌 진드기가 생겨도 쉽게 이겨낼 수 있었어요. 하지만 요즘은 몸이 약해져서 진드기나 바이러스에 한번 걸리면 회복이 안 돼요."

허니가 슬픈 눈을 하고 말하자, 비니는 화가 치미는 듯 주먹을 불끈 쥐고 양봉가와 아나운서에게 따졌어요.

"사람들은 왜 잡풀이 자라는 땅을 노는 땅이라고 생각하죠? 그래서 풀과 나무를 모두 베고 건물을 짓거나 농지로 바꿔 버리잖아요. 잡풀에 핀 작은 꽃도 우리에겐 꿀맛 같은 영양식이라고요!"

허니는 벌집에 남아 있는 여왕벌과 다른 벌들을 떠올리며 말했어요.
"일벌들이 구해 오는 꽃꿀과 꽃가루가 없으면 벌집도 지킬 수 없어요. 여왕벌님이 알을 낳을 수도 없고, 애벌레가 어른벌레로 자랄 수도 없죠. 여왕벌님은 지금 몸이 많이 안 좋아요. 얼른 다시 건강해지셔야 할 텐데……."
곰곰이 생각에 잠겨 있던 양봉가는 결론을 내렸어요.
"이제 알 것 같아. 살충제로 범벅이 된 꽃꿀과 꽃가루, 한 가지 꽃꿀만 먹으며 꽃가루받이를 해야 하는 환경, 멀리 이동하면서 겪는 스트레스까지……. 이게 모두 원인이야. 그래서 꿀벌들의 몸이 허약해진 거지. 몸이 약하니까 꽃꿀을 구하러 갔다가 집으로 돌아오지 못한 거야. 그래서 벌들이 사라진 거였어."
아나운서는 돌아가자마자 이 문제를 뉴스로 다루어야겠다고 생각했어요.

그때 지우가 눈을 반짝이며 말했어요.
"저는 진짜 원인을 알 것 같아요. 그건 바로……."
모두 지우의 얼굴을 바라보았어요.
"사람 때문이에요! 살충제를 뿌리는 것도, 꿀벌을 벌통에 담아 여기저기 끌고 다니는 것도 사람이잖아요. 풀과 나무를 뽑아 버리고 건물을 지은 것도 사람이고요. 사람들 때문에 꿀벌이 사라진 거예요!"

세 사람은 어느새 스튜디오로 돌아와 있었어요. 그때 마치 기다렸다는 듯이 아나운서의 휴대 전화가 요란하게 울렸어요.

"여보세요? 네, 국장님. 아니요, 그게 방송 사고가 아니고요……."

아나운서는 두 사람에게 손짓 인사를 하고 스튜디오 밖으로 뛰어갔어요.

양봉가와 지우는 서로를 바라보며 미소를 지었어요.

"이제 우리도 갈까?"

"네."

지우는 집으로 가는 길에 몇 번이나 하늘을 올려다보았어요. 허니, 비니가 어디선가 보고 있는 것만 같았어요.
지우는 마음속으로 약속했어요.
'허니야, 비니야. 너희가 들려준 이야기와 내가 꿀벌 나라에서 본 것, 느낀 것들을 절대 잊지 않을게. 그리고 너희들을 위해서 할 수 있는 일을 생각해 볼게. 그때까지 아프지 말고 잘 지내.'

아나운서는 집으로 돌아오자마자 대청소부터 했어요.
"으윽! 이놈의 파리들, 저리 가! 난 파리가 아니라 꿀벌을 보고 싶다고!"
청소를 마친 뒤, 꽃 시장에 가서 여러 가지 꽃들을 잔뜩 사 왔어요. 온갖 잡동사니로 발 디딜 틈이 없었던 발코니를 멋진 실내 정원으로 바꾸었어요.
"으음, 향기 좋다. 꽃이 있으니까 아파트가 꼭 숲 속 정원 같네."

발코니에 꽃 화분 내놓기

꽃 시장에서 꽃 사 오기

발코니뿐만 아니라 꿀벌이 찾아올 만한 곳에는 어디든 화분을 내다 놓았어요.

입주민 회의에 나가서 주민들에게 화분 가꾸기에 대해 열심히 알리는 일도 했어요. 덕분에 아나운서가 사는 아파트는 예쁜 꽃으로 채워지기 시작했어요. 아파트 근처의 주택가 골목에도 사람들이 내다 놓은 화분이 하나둘 늘어났어요. 회색빛이던 골목이 알록달록하게 바뀌었어요.

벌통 깨끗이 청소하기

자투리땅에 꽃 심기

새로운 양봉 기술 공부하기

양봉가는 꿀벌을 잃고 내팽개쳐 두었던 벌통부터 깨끗이 청소했어요. 집 앞 텃밭의 자투리땅에는 꽃을 심었어요. 담장 둘레에도 꽃으로 띠를 둘렀고요.

"꿀벌들이 돌아오게 할 수 있는 것은 꽃이었어. 이렇게 간단한 걸 왜 몰랐지?"

그리고 꿀벌에게 좀 더 나은 환경을 만들어 줄 수는 없을까 고민했어요. 그러던 중 우연히 '도시 양봉'이라는 것을 알게 되었지요. 처음에는 공해가 심한 도시에서 어떻게 꿀벌이 살 수 있을까 하고 의심했어요. 하지만 벌이 살기에 시골보다 도시가 더 좋은 환경이라는 것을 알았어요.

농촌에서는 꿀벌 열 마리 가운데 네 마리가 겨울을 견딜 수 있는 반면, 도시에서는 여섯 마리 이상이 겨울을 날 수 있다는 사실도 새로 알게 되었어요. 에너지 사용이 많은 도시의 열섬 현상*이 꿀벌에게는 오히려 도움이 된다는 것도요. 농사를 위해 한 가지 작물을 집중적으로 재배하는 농촌보다 다양한 꽃들이 자라는 도시의 숲과 공원이 꿀벌에게 더 좋은 환경이라는 사실은 정말 놀라웠어요.
양봉가는 앞으로 꿀벌과 사람이 함께 살아가는 세상을 만들기 위해 할 일이 많겠다는 생각이 들었어요.

빌딩 옥상에서 꿀벌을 키우는 회장님과 함께

도심 한복판에서 꿀벌을 키우는 시민과 함께

***열섬 현상**: 도시 내의 에너지 소비가 많아 주변보다 기온이 높게 나타나는 현상.

지우는 〈애들아, 돌아와〉에 다시 나갈 필요가 없어졌어요. 도치가 드디어 집으로 돌아왔거든요. 다행히 도치는 옆 동네에 사는 사람이 보호하고 있었어요.

일요일 아침, 지우는 빈 페트병을 들고 마당으로 나갔어요. 신발장 구석에 있던 꽃씨 봉투도 챙겼고요.

도치는 지우가 한 발짝 움직일 때마다 멍멍 짖으며 참견을 했어요.

"아니야. 이건 네 장난감이 아니고 꿀벌에게 줄 선물이야."

지우는 페트병을 반으로 잘라 화분을 만들고 꽃씨를 심었어요.

"꽃씨야, 잘 자라라. 꿀벌들이 잘 볼 수 있게 크고 탐스러운 꽃을 피워야 해. 알았지?"

마침 하늘에서 페트병 화분 위로 빗방울 하나가 뚝 떨어졌어요.

지우는 하늘을 올려다보며 속삭였어요.

"허니, 비니. 보고 있지?"

글 작가의 말

착한 농부 꿀벌이 열심히 일하는 세상

　꿀벌이 사라지고 있다는 사실을 알게 된 것은 멸종 동물에 관한 기사를 찾아볼 때였어요. 그 전까지만 해도 멸종 동물이라고 하면 돌고래, 검은코뿔소, 북극곰, 늑대, 반달가슴곰처럼 덩치 큰 녀석들만 떠올렸어요. 꽃이 있는 곳이면 어디서나 볼 수 있는 꿀벌이 사라질 수도 있다고는 눈곱만큼도 생각해 보지 못했지요. 설령 꿀벌의 수가 좀 줄어든다고 해도 그렇게 걱정할 일은 아니라고 여겼어요. 이 책에 나오는 아나운서나 지우처럼 '꿀벌쯤이야.' 하는 마음이 있었던 거예요.

　그런데 꿀벌에 관한 기사를 읽은 뒤부터 주변에서 꿀벌을 찾아볼 수 없다는 걸 깨달았어요. 옛날에는 들이나 산에 가면 심심찮게 '붕붕' 소리가 들렸는데 말이에요. 그때부터 꿀벌 실종에 관한 자료를 모으기 시작했어요. 인터넷으로 외국의 사례도 찾아보고, 꿀벌이 사라져서 걱정하고 있는 양봉가들의 이야기도 찾아 읽었지요. 꿀벌이 사라지는 것과 인간의 삶이 어떤 관련이 있는지 연구한 학자들의 책도 읽고요. 그제야 문제가 심각하다는 것을 알게 되었어요. 우리 친구들에게 이 이야기를 들려주어야겠다는 생각도 들었고요.

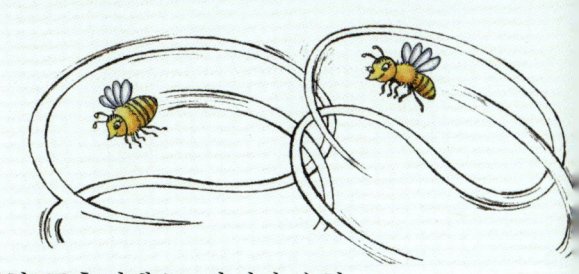

　여러분도 알고 있는 것처럼 꿀벌은 매우 부지런한 곤충이에요. 자신이 속한 무리를 건강하고 안전하게 유지하기 위해서 각자 맡은 일을 충실하게 해 나가지요. 일하기 싫다고 도망가거나 자기가 할 일을 다른 벌에게 미루지도 않아요. "왜 내가 이 일을 해야 하지? 나는 좀 더 근사한 일을 하고 싶어!" 이렇게 불평하는 법도 없고요.

　꿀벌이 이렇게 열심히 일한 덕분에 우리는 많은 것을 얻고 있어요. 달콤한 꿀을 비롯해 우리는 맛 좋은 과일과 채소를 먹고 있지요. 그런데도 꿀벌은 우리에게 품삯을 달라고 하지 않아요. 꿀벌이 우리에게 바라는 것은 오직 하나예요. 꿀벌이 열심히 일할 수 있는 세상을 만들어 달라는 것이지요.

　착한 농부 꿀벌이 열심히 일하는 세상을 만들기 위해서는 저와 여러분이 힘을 모아야 해요. 무언가 대단한 일을 할 필요는 없어요. 우리가 할 수 있는 일부터 하면 돼요. 지우처럼 페트병 화분을 만들어 씨앗을 심는 건 어때요? 그게 귀찮으면 집에 있는 화분에 물을 주는 것부터 시작해도 돼요. 아파트 단지나 학교 화단에 심어져 있는 꽃과 나무를 소중하게 여기는 것도 중요해요. 그리고 혹시 꿀벌을 만나면 가만히 이렇게 말해 주는 거예요.

　"꿀벌들아, 고마워!"

　그렇다고 꿀벌한테 너무 가까이 가지는 말고요. 꿀벌은 우리가 마음속으로 하는 말도 충분히 들을 수 있으니까요.

홍민정

그림 작가의 말

신비로운 꿀벌의 세계 속으로

저는 오랫동안 만화와 그림책을 그려 오면서 수많은 인물과 동식물을 만나 왔어요. 그러면서 그림에는 나름 자신 있다고 생각했는데, 이 책의 그림을 그리면서 꿀벌을 자세히 관찰하고 그려 본 게 처음이었다는 걸 알고 저 자신도 놀랐어요. 그리고 꿀벌을 관찰하면 관찰할수록 꿀벌의 매력과 신비로움에 빠져들어 헤어 나오지 못하게 되었지요. 복잡하지만 정교하고 과학적인 생김새도 그렇고, 미래 도시를 상상하게 만드는 벌집도 놀라웠지요. 그뿐만이 아니에요. 일벌, 수벌, 여왕벌, 문지기벌, 장례벌 등 꿀벌들마다 제각기 맡은 임무를 척척 수행하는 걸 보니 '마블 코믹스'에 나오는 주인공보다 더 대단해 보이더군요. 더욱 놀라운 사실은 꿀벌들이 열심히 일을 해서 우리에게 맛있는 과일과 열매를 제공해 준다는 거였어요. 그것도 공짜로요. 정말 고맙지요?

그런데 좋은 일을 많이 하는 꿀벌들이 사라지고 있다고 하니, 마음이 아팠어요. 그게 누구 때문이냐고요? 자연을 훼손하고, 강한 성분의 제초제로 농작물을 키우는 사람들 때문이에요. 저도 자연을 아끼며 보살피지 않았던 적이 있었던 것 같아 반성했어요. 그래서 다짐했지요. 앞으로는 꿀벌을 사랑하는 사람이 되겠다고요. 어린이 여러분도 저랑 함께 꿀벌을 사랑할 거지요? 그렇다고 너무 가까이 가지는 마세요! 벌에 쏘일 수도 있으니까요.

이경석

글 홍민정

어렸을 때는 벌레를 아주 무서워했고 특히 지렁이는 끔찍하게 싫어했습니다. 하지만 어른이 되고, 세상에서 가장 착한 강아지 깜보와 함께 살면서 동물을 아끼고 사랑하는 마음을 갖게 되었습니다. 버려진 냉장고를 소재로 쓴 동화가 〈전남일보〉 신춘문예에 당선되면서 동화작가가 되었고, 'MBC창작동화대상'과 '푸른문학상'을 받았습니다. 쓴 책으로 《달려라! 아빠 똥배》《편지로 우애를 나눈 형제 정약전과 정약용》《짠돌이, 지갑을 열다》가 있습니다.

그림 이경석

만화가이자 일러스트레이터입니다. 톡톡 튀는 남다른 이야기를 찾고자 오늘도 작업에 열중하고 있습니다. 쓰고 그린 책으로 《속주패王전》《전원교향곡》《좀비의 시간》《음식이는 재수 없어》 등이 있고, 그린 책으로는 《형제가 간다》《오메 돈 벌자고?》《서울 샌님 정약전과 바다 탐험대 1,2,3》《동물원이 좋아?》 등이 있습니다.

감수 와이즈만 영재교육연구소

즐거움과 깨달음, 감동이 있는 교육 문화를 창조한다는 사명으로 우리나라의 수학, 과학 영재교육을 주도하면서 창의 영재수학과 창의 영재과학 교재 및 프로그램을 개발했습니다. 구성주의 이론에 입각한 교수학습 이론과 창의성 이론 및 선진 교육 이론 연구 등에도 전념하고 있습니다. 국내 최고의 사설 영재교육 기관인 와이즈만 영재교육에 교육 콘텐츠를 제공하고 교사 교육을 담당하고 있습니다.